TOMA DOMINIO DE TI

TOMA DOMINIO DE TI

Crea un legado digno de contar

*Consejos para llevar una vida auténtica
en un mundo de impresiones*

HiramSostre
AUTHOR | SPEAKER | LIFE COACH

DEDICATORIA

*A la mujer más preciosa que las piedras preciosas.
Todo lo que yo pueda desear no se puede comparar con
ella. Yoly, mi amada esposa, eres mi apoyo, consejera y
compañera fiel. Te honro como mujer, ya que eres el
baluarte fundamental en mi éxito.*

*Juntos hemos reído mucho y llorado un poco.
Nos hemos divertido juntos y hemos enfrentado los retos
con optimismo.*

*En todo has sido fiel compañera.
Tu fe en Dios y tu servicio son una inspiración.
Te amo y cuantos más años pasamos juntos,*

¡SE PONE MEJOR!

ÍNDICE

Prólogo

Introducción

Capítulo I: LA VIDA AUTÉNTICA

¡Deja de andar a ciegas! 20

Comprendiendo tu potencial 23

La vida auténtica 26

Capítulo II: EL LÍDER Y SU MENTE

En el camino recto 32

Ellos te están escuchando 36

La voluntad 39

Capítulo III: ¡TRANSFÓRMATE!

Las cualidades del líder 44

Moviendo montañas 50

Un paso adelante 53

Capítulo IV: EL CÍRCULO ÍNTIMO

    La familia primero 58

    Perdiendo el norte 60

    Instrucción para el respeto 65

    Lazo de amor 68

Capítulo V: ¡AFERRA EL TIMÓN!

    Familia 75

    Amistades 76

    Salud 77

    Recreación 78

    Finanzas 79

    Espiritualidad 81

    Desarrollo personal 83

    Trabajo / Negocios 86

Epílogo

Agradecimientos

PRÓLOGO

Hay un juego, que tal vez hayas visto en la televisión, donde alguien deja caer una pelotita que va pegando en muchos pernos y corre de un lado a otro hasta llegar a donde están los premios. Hay un premio grande, rodeado de premios en cero; además, hay otros premios, mucho más pequeños, que a nadie le emocionan. La vida es así para la mayoría que nunca ha leído un libro como este. A unas cuantas personas tuvieron esa "suerte" y al resto le tocó una vida vacía o desabrida.

Una vida en espera permanente de un golpe de suerte y de que la bolita caiga en el premio mayor es aburrida y muy, pero muy, cansada. Cuando sientes que mereces más de lo que "te tocó", empiezas a vivir de apariencias que es como ir añadiendo más y más piedras al costal de la vida que cargamos en la espalda. ¡Es hora de soltar ese costal e Hiram te va a mostrar cómo!

A medida que sueltas ese costal, dejas de vivir bajo las expectativas de los demás; y pasas de ser influenciado a ser una persona de influencia. Ya basta de ser una hoja que va a donde sople el viento. Todos queremos una mejor vida para nosotros y para nuestra familia; eso sucede cuando aprendes a crecer como líder... y de eso se trata este libro.

En veinte años de operar en el mundo de las finanzas personales, he aprendido que sin dirección no terminas con finanzas promedio, sin dirección terminas en la ruina. Permíteme ser claro, si no le das dirección a tu vida, vivirás en pobreza en muchas áreas. El mundo le pertenece a los que toman el timón de la vida e Hiram te enseña e inspira a cómo hacerlo. Este libro no es una fábula, así que léelo con atención, deteniéndote para asimilar y poner en práctica lo que aconseja. Tal vez hayas oído que la información es poder, pero eso no es verdad. El poder se ejerce cuando tomas acción usando esa información nueva.

Me causa tristeza que en la escuelas solo nos enseñan álgebra y trigonometría, materias que sirven para entrenar al cerebro a resolver problemas, pero jamás no nos enseñan a aplicar ese entrenamiento para tener una buena vida. Si eres de las personas que no está satisfecho con lo que te tocó y quieres más, es hora de hacer que las cosas cambien. En tus manos tienes una receta para lograrlo.

Coloca esa bolita donde dice "vida extraordinaria".

Andrés Gutiérrez

INTRODUCCIÓN

Este libro que tienes entre manos es una invitación. En sus páginas encontrarás citas, técnicas, anécdotas, pero lo más importante es la invitación. A través de este libro quiero animarte a que vivas una vida auténtica. Si mis palabras te inspiran, si logran que transformes el modo en que piensas sobre ti mismo y reorientes tus acciones para alcanzar tus metas en armonía con lo que eres, habré cumplido mi objetivo.

He pasado la mitad de mi vida inspirando a otros a seguir este proceso a través de charlas, seminarios y consejerías personales en diversos países y en mi tarea ministerial de formación de líderes. En todo este tiempo he aprendido mucho sobre los motivos por los que las personas viven frustradas y desorientadas, sin poder alcanzar el éxito en lo personal y profesional, sin hallar un centro para sus vidas. Y he ayudado a muchos a salir de ese esquema de pensamiento para desarrollar actitudes que les permitan encontrarse consigo mismos y tomar las riendas sin abandonar sus valores.

Es momento de compartir contigo lo que he aprendido y enseñado a otros. Tú también puedes aplicar las estrategias que delinearé en las páginas que siguen. Sólo tienes que tener una actitud receptiva y a animarte a darles una oportunidad a ideas y conceptos que pueden cambiar tu vida.

> *La autenticidad del yo*
> *es el alma hecha visible.*
>
> —Sarah Ban Breathnach

Es cierto que abundan los libros sobre liderazgo y las técnicas para alcanzar el éxito en lo económico y extender tu influencia sobre otras personas. Este libro es diferente. Mi propósito es que te conviertas en líder de ti mismo y logres realizarte en lo personal y lo profesional pero siempre en consonancia con los valores que te definen; que en la persecución de tus sueños no pierdas de vista lo que eres y las cosas más importantes que ya hay en tu vida.

Un ejemplo bastará para ilustrar la necesidad de este libro. Hace un tiempo me encontraba en medio de un entrenamiento en locución que me permitiría ampliar mis aptitudes y conocimientos para un proyecto en el que participaba (yo producía y conducía un ciclo radial que combinaba información con entretenimiento e inspiración).

En una de las clases, el instructor nos dio un consejo que a mí, al menos, me dejó sorprendido. "En los medios", dijo, "hay que engañar para lograr entrar." En inglés se dice como una fórmula: "*You have to fake it to make it*".

Al oír esto miré a mi alrededor. Me chocaba ese consejo, que me parecía inauténtico y carente de todo valor moral. Seguramente era una estrategia efectiva para abrirse paso en la industria, pero ¿a qué costo? ¿Qué pensarían mis compañeros?

Algunos se rieron, creyendo que se trataba de un chiste. Otros asintieron, incorporando la "enseñanza" a su arsenal. Yo, en cambio, me cuestioné los motivos por los que estaba ahí. Me pregunté: *¿realmente quiero ser parte de un ambiente tan falso y superficial?* Me respondí que no. Y me aparté del proyecto, que de todas maneras naufragaría al poco tiempo.

El incidente, sin embargo, me dejó pensando. ¿Por qué el mundo se maneja sin legitimidad? ¿Por qué la gente no admite lo que es y prefiere vivir de apariencias?

Comprendí que, en la búsqueda de alcanzar lo que ansían, casi todos buscan impresionar en lugar de mejorar, y por eso engañan a otros y, en definitiva, se engañan a sí mismos. Quieren ser los más populares, o aparecer como expertos cuando tienen, en realidad, poco que ofrecer.

Qué malo es cuando no reconocemos la verdad en nosotros mismos, cuando no admitimos nuestra realidad. Un amigo que es médico, especialista en nefrología, me dijo una vez: "Ningún paciente mejorará hasta que comprenda su enfermedad".

Sus palabras también me impactaron, en este caso para bien. Confirmaban mis propias observaciones a lo largo de los años: la mayoría de las personas viven una vida inauténtica, carente de conexión con lo que es más importante. Andan sin rumbo, y por eso no llegan adonde quieren llegar.

Por eso este libro. Porque vale la pena animarse a vivir una vida auténtica, es decir, verdadera, en consonancia contigo mismo, con lo que eres.

Puedes realizar tus sueños y aspiraciones sin tener que negar quién eres, lo que has sufrido y lo que te limita. No tienes que sacrificar a tu familia en pos del éxito material. Aplicando los principios sobre vida, familia y liderazgo que desarrollaré a continuación, puedes incluso expandir tus propios límites.

Tómate un rato para perderte entre las páginas y déjame hablarte de ti mismo: de tus potencialidades y de las cosas que te rodean y en las que puedes apoyarte. Te hablaré de liderazgo, de actitud positiva, de amor y de responsabilidad, de ética y respeto, de empuje ante la adversidad, de pasión; te hablaré de la conexión entre la vida auténtica y el éxito, entre la familia y la influencia. Habré cumplido mi objetivo si logro que, al llegar a la última página, te hayas dado cuenta de que el mundo puede conspirar a tu favor y no en tu contra.

Considérame, a lo largo de las páginas que siguen, un amigo.

TOMA DOMINIO DE TI

I

LA VIDA AUTÉNTICA

... en todo caso había un solo túnel, oscuro y solitario: el mío, el túnel en que había transcurrido mi infancia, mi juventud, toda mi vida.

—Ernesto Sabato, *El túnel*

El propósito de este libro es ayudarte a identificar y analizar tres aspectos de tu vida que son fundamentales para tomar decisiones y avanzar hacia la realización de tus sueños. Se trata, en primer lugar, de tener en claro *quién eres*; luego, de reconocer y apreciar *lo que tienes*, y por último, de ocuparte de *lo que haces*, que es lo que en definitiva te permitirá dejar tu huella en el mundo.

Llevo más de veinte años desarrollando una tarea ministerial de formación de líderes y recorriendo el mundo como comunicador, transmitiendo ideas e inspiración para que las personas transformen sus vidas. He estado en España, Cuba, Colombia, la República Dominicana y en mi Puerto Rico natal; dentro de los Estados Unidos, he difundido mi mensaje en el estado de Georgia, donde vivo, y he pasado por los de Tennessee, Texas y Florida, motivando a quienes me escuchaban a desarrollar una vida auténtica, de fe, e inspirándolos a hallar en su propio interior las claves del liderazgo. Como te imaginarás, en todo este tiempo he aprendido muchas cosas. Entre ellas, que cada uno tiene sus talentos, miedos, ventajas y frustraciones particulares, pero que todos podemos beneficiarnos de una mayor comprensión del nuestro propio lugar en el mundo y que la fe y la decisión de tomar

el timón de nuestras propias vidas son fundamentales para alcanzar nuestras metas y, en última instancia, la felicidad.

¡DEJA DE ANDAR A CIEGAS!

En este mundo, se sabe, todos andamos un poco perdidos. O al menos casi todos. Vivimos en medio de un torbellino de obligaciones, expectativas, deseos, hallazgos, reclamos, frustraciones, derrotas y victorias a las que no les hallamos un sentido. Es como si la vida nos llevara sin timón de un lado a otro, dándonos momentos tristes o maravillosos según sople el viento, sin que podamos advertir por qué nos sucede lo que nos sucede.

Si te sientes identificado con esta descripción, te tengo una noticia, que puedes hallar incómoda o liberadora: lo que te sucede depende mucho más de ti mismo que lo que tú crees. Ocurre que andas sin ver, sin poder identificar claramente lo que ocurre o sus causas. Y como no tienes esto claro, no puedes controlarlo. De ahí que te cueste poner un rumbo determinado a tu vida.

Quizás te sorprenda, pero hay incluso un nombre científico para esto. El fenómeno se llama *hipocognición* y consiste en nuestra forma de vivir a ciegas, teniendo sólo una conciencia parcial de todo lo que existe a nuestro alrededor. Robert Levy, el antropólogo que avanzó este concepto, buscaba así definir la falta de una representación mental para ciertos objetos e ideas; para los psicólogos sociales Kaidi Wu y David Dunning, que siguieron los pasos de Levy, la hipocognición explica por qué tanta gente se deja aplastar por las deudas y jamás piensa en abrir una cuenta de ahorro con interés (porque sencillamente ignora el concepto de interés compuesto) o por qué tantos otros no se tratan al estar enfermos, por ejemplo, de diabetes (porque reconocen los síntomas pero no saben a qué enfermedad corresponden).

Wu y Dunning dan un ejemplo más pintoresco para ilustrar este fenómeno: cuentan que un emprendedor llamado Frederic Tudor navegó una vez hacia la isla de Martinica, en 1806, con una carga de hielo recogido de los ríos de Massachusetts, figurándose que haría una fortuna vendiéndosela a los habitantes de ese caluroso rincón del Caribe. Pero fracasó rotundamente. Los isleños jamás habían visto el hielo y no tenían en sus mentes el concepto de la refrigeración; no se les habría podido ocurrir un uso para esa misteriosa sustancia, y cuando Tudor les explicó para qué podían usarla, no sintieron que hubieran tenido jamás la necesidad. Después de todo, habían vivido sin hielo durante todas sus vidas. Había ahí algo que podía servirles mucho, pero no lo veían.

"A menudo el destino de los seres humanos no se apoya en lo que la gente sabe", dicen los científicos, "sino en lo que no saben."

Yo no soy antropólogo ni psicólogo social, pero soy un hombre de fe, y siempre he sentido que es algo así lo que nos ocurre. Si andamos a ciegas por el mundo no es porque alguien nos engañe adrede. Es nuestra propia estructura mental la prisión que nos impide comprender parte de lo que vemos y oímos; miramos sin ver, por decirlo así, o quizás al revés: vemos pero no *miramos*. Y por eso, nos perdemos el significado profundo de las cosas. A mí me gusta decirlo de esta manera: todos sentimos el viento soplando, pero ignoramos hacia dónde va.

Pero vuelvo a la noticia que te daba más arriba: ese viento tiene más que ver contigo de lo que tú sospechas. Ahondar en el conocimiento de las cosas que te ocurren, de dónde estás parado y de las perspectivas que tienes, te permitirá tomar el control. Es el camino del liderazgo propio, y en estas páginas quiero animarte a que sigas ese camino.

COMPRENDIENDO TU POTENCIAL

En tiempos antiguos, cuando Grecia mantenía el dominio sobre innumerables tierras y era el centro cultural, político y religioso del planeta, miles de personas se allegaban al templo de Apolo, en la ciudad de Delfos. No iban a pasear, sino a consultar a los dioses. Cada uno llevaba en su corazón una pena, una incertidumbre o un deber angustioso; cada uno se ponía en manos de las fuerzas superiores que, según creían los griegos, regían los destinos de la humanidad.

Lo primero que veían estos viajeros no era una efigie de Apolo, el dios del sol, ni al propio oráculo, que estaba ubicado dentro del templo. Desde el frente del edificio (el *pronaos*) los saludaba un mensaje escrito. Un breve consejo, o quizás una orden: "Conócete a ti mismo".

No se sabe quién ideó ese precepto (se le atribuye a Sócrates, a Pitágoras, a Heráclito, a Tales de Mileto, entre otros), pero lo que es indudable es su persistencia. Ha sobrevivido a los siglos y probablemente no exista una persona que no haya recibido alguna vez ese consejo.

Abundan los expertos que te sugieren ahondar en el conocimiento de ti mismo para descubrir tus fortalezas y defectos para poder mejorar tu vida. Y es un buen consejo. Pero yo te diré algo más.

El precepto "Conócete a ti mismo" es el que da sustento a la idea de *self-awareness*, que podríamos traducir como autoconciencia. Pero el *self-awareness* va más allá de la tarea de identificar tus propias fortalezas y debilidades. Implica también ser consciente de dónde estás, de tu posición en el mundo y de las áreas que son realmente importantes en tu vida. Y también, y en general, del momento en que vives.

Si quieres que tu vida se mueva hacia adelante, si quieres avanzar hacia la próxima etapa en tu crecimiento como persona y como líder, tendrás que tomar decisiones. Y para esto es crucial tener en claro dónde estás; de otra manera te será difícil saber hacia dónde te diriges. (Y si llegas, no te darás cuenta.)

Quizás esto te sonará exagerado, pero estoy convencido de que una de las peores cosas que le pueden ocurrir a alguien es no darse cuenta de dónde está. Esta persona no tiene un rumbo, siente que su vida está a la deriva, y muchas veces opta por colocarse en un lugar de víctima y acusar a los demás, al mundo, a sus padres, al "sistema", por su incapacidad para progresar. En definitiva, se pone excusas, evita hacerse cargo.

El mejor consejo que puedo darte es que evites esto con todas tus fuerzas. Mira en tu interior, sé claro y honesto contigo mismo y date cuenta de cuál es tu posición actual en el mundo. No culpes a fuerzas externas de lo que te ocurre; trabaja para moverte del lugar donde estás hacia el lugar adonde quieres ir. De ahora en adelante debes asumir responsabilidad por tu propia vida y tomar el timón.

Después de todo, si hasta ahora no has producido ningún cambio significativo en tu vida, ¿por qué seguirías haciendo lo mismo? Como alguien dijo, hacer siempre lo mismo esperando resultados diferentes es la definición de la insensatez. (El hecho de que la cita haya sido atribuida a Albert Einstein, Mark Twain y Benjamin Franklin, entre otros grandes hombres, habla de la sabiduría que encontramos en ella.) Anímate a hacer algo diferente.

Sé que decirte simplemente "Mira en tu interior" no es suficiente. La introspección es más difícil de lo que parece. Pero no te preocupes; más adelante veremos una técnica

específica y muy poderosa para evaluar los diferentes aspectos de tu vida y tener así un panorama más claro para poder tomar decisiones. Se llama *la rueda de la vida* y te permitirá hacerte una idea de hacia dónde apuntar.

Toma conciencia de quién eres y de lo que tienes; ten claro lo que quieres hacer y lo que quieres cambiar en ti mismo y en tu vida. Y no te entregues al facilismo de las excusas y de ponerte en víctima. Como veremos más adelante, incluso en las circunstancias más terribles puedes hacer la elección consciente de tener una actitud positiva y seguir adelante.

LA VIDA AUTÉNTICA

Ya te había dicho que soy un hombre de fe y, claro, yo encuentro en la relación con Dios la clave para comprender el mundo y mi posición en él. Después de todo, soy ministro, y formo parte de un equipo que discípula a personas en principios bíblicos de fe. Pero entiendo que no es necesario ser creyente para emprender la aventura de hallar un sentido y un propósito para tu vida. Los preceptos que desarrollo en este libro son aplicables por todos.

Ya que veníamos hablando de los griegos, quiero compartir contigo la receta para la felicidad de quien (a juzgar por lo que me enseñara aquel profesor español tan culto en las clases de Humanidades, en la universidad) quizás haya sido el más grande pensador de aquella civilización: Aristóteles. Y no se trata de una mera nota al pie en su obra, no; Aristóteles creía que la felicidad era el objetivo último de la vida humana. Ahora bien, ¿cómo ser feliz? El pensador de Estagira tenía una respuesta sencilla y maravillosa: lo que te hará feliz es actuar de acuerdo con tu propósito. Tú tienes, decía Aristóteles, una finalidad; y al realizar esa finalidad lograrás ser feliz. De esa manera, la felicidad y la virtud son las dos caras de una misma moneda: actúa como *debes* para ser lo que debes ser y eso te hará feliz.

Más cercano a nuestros tiempos, Dan Miller, el *coach* famoso por su libro *48 días para el trabajo que amas*, nos dice que la satisfacción reside en trabajar en lo que esté de acuerdo con tu personalidad. Por ejemplo, a mí me gusta mucho más educar, transmitir ideas, que hacer manualidades; si mi trabajo fuera manual, no sería satisfactorio para mí y yo sería una persona infeliz. En ese caso, debería tomar la decisión de cambiar de trabajo.

En tu camino hacia convertirte en líder de ti mismo deberás tomar muchas decisiones. Algunas de ellas serán difíciles pero liberadoras. Hallarás la clave del liderazgo cuando abandones las excusas y asumas tu propia libertad.

II

EL LÍDER Y SU MENTE

Si tus acciones inspiran a otros a soñar más, aprender más, hacer más y ser más, eres un líder.

—John Quincy Adams

A fines de los años noventa, cuando daba mis primeros pasos en la experiencia ministerial, oí por primera vez el nombre de John Maxwell. Un compañero me regaló un libro suyo, titulado *Descubre al líder que está en ti* (que, bien pensado, podría ser el título de este libro que tienes entre manos si él no lo hubiera usado primero). Maxwell era también un pastor, y por esos momentos ya se perfilaba como uno de los más importantes pensadores sobre el liderazgo a nivel nacional, aunque la consagración definitiva le llegaría años después con la publicación de su obra más conocida, *Las 21 leyes irrefutables del liderazgo*.

La lectura del libro de Maxwell tuvo un impacto muy fuerte en mi vida. Ya desde el primer capítulo él describe al liderazgo como *influencia*; y ese concepto me abrió los ojos y la mente. Porque, según Maxwell, la posibilidad del liderazgo no está limitada a unos pocos elegidos, sino que todos somos, de alguna manera, líderes en algo, cada uno de nosotros es el centro de cierta esfera de influencia. Sus leyes son aplicables a cualquier esfera de liderazgo que puedas imaginar, desde el gobierno de un país hasta una iglesia pequeña, pasando por empresas grandes y medianas y organizaciones civiles de todo tipo.

Años después asistí a una charla brindada por el propio Maxwell y allí, el autor del libro dijo que ¡él mismo no sigue las veintiuna leyes, porque se dio cuenta de que son demasiadas! ¿Puedes imaginarlo? Pero hay una lección también ahí. Así como Jesucristo resumió los Diez Mandamientos en sólo dos ("amarás a Dios sobre todas las cosas y al prójimo como a ti mismo"), también Maxwell reconocía, no sin cierta dosis de humor, que someterse a dos decenas de leyes es mucho. "Si te enfocas en cuatro o cinco de ellas, ya estarás en una mejor posición que la que tienes hoy", explicó. Y ciertamente, es un buen consejo: no intentes abarcar todo a la vez, concéntrate en lo importante, avanza a pie firme por un sendero bien marcado. Después de todo, un líder no se hace en un día, sino que va desarrollándose a través del tiempo.

Si me preguntaran a mí, yo diría que entre las 21 leyes del liderazgo establecidas por Maxwell las más importantes son la *ley del tope*, la *ley del proceso* y la *ley del respeto*.

La *ley del tope* nos dice que la capacidad de liderazgo determina el nivel de eficacia de una persona.

La efectividad no es sinónimo de trabajo arduo. Hay quienes trabajan mucho y muy duro y aun así, no avanzan. La ley del tope nos enseña que la efectividad de tu dirección la determinan tu capacidad, tu forma de organizar y las estrategias que sean útiles para alcanzar el éxito. Maxwell dice que esta capacidad se puede medir en una escala, de manera que si tú tienes un 4 en capacidad, tu efectividad no será de más de 3, es decir, muy baja. Por el contrario, si tu capacidad es de 8, tu efectividad llegará a 7, lo que es mucho mejor. Por consiguiente, cuanto más sumes en habilidad y aptitud, mayor será tu operatividad.

La *ley del proceso*, en tanto, nos advierte que el liderazgo no se hace en un día, sino que se desarrolla constantemente. Un líder trabaja sobre sí mismo para desarrollarse y ser

cada día más efectivo. Maxwell ilustra este concepto diciendo que ser un líder es como invertir con éxito en la bolsa de valores: "Si esperas hacer una fortuna en un día, no tendrás éxito; lo que importa es lo que construyes día a día, en un largo camino; la capacidad de desarrollar y mejorar las destrezas que marcan la diferencia entre los líderes y sus seguidores".

Los líderes exitosos, en definitiva, son aprendices. Y el proceso de aprendizaje es continuo, resultado de la autodisciplina y la perseverancia. Debes ponerte cada día la meta de mejorar un poco, edificando sobre el progreso que hiciste el día anterior. ¿Qué estás haciendo hoy para crecer como líder?

La tercera de las leyes de Maxwell que quiero rescatar, y la que más me llamó la atención cuando conocí su obra, es la *ley del respeto*. Consiste en señalar que la gente no sigue a otros por accidente, sino que siguen a individuos cuyo liderazgo respetan. También aquí se aplica una escala: una persona con un nivel de liderazgo 8 no saldrá a buscar a una con puntaje 6 para seguirla, sino que, por naturaleza, se encolumnará detrás de un líder nivel 9 o 10. Los menos capacitados siguen a los altamente capacitados y dotados.

En ocasiones, advierte Maxwell, un líder fuerte decide seguir a alguien más débil, pero en estos casos siempre hay una razón. Por ejemplo, el líder fuerte puede seguir a uno débil por respeto a la posición de esa persona o a sus realizaciones pasadas; quizás sólo esté siguiendo la cadena de mando. Pero en general los seguidores se ven atraídos por personas que gozan de un nivel de liderazgo superior. Si logras ser un líder con modales, que transmite confianza e interés en las personas, que no hace sentir usados a los demás; si logras inspirarlos, si haces que sea divertido estar contigo, ellos te respetarán, querrán seguirte y te ayudarán a alcanzar el éxito.

Creo que la inclusión de esta ley es lo que diferencia a Maxwell de otros pensadores sobre el liderazgo. Es, por cierto, la que me llevó a reflexionar sobre la importancia de incorporar el concepto de autenticidad en la filosofía del líder, que es en definitiva la razón de ser del libro que tienes entre manos. A continuación, unas palabras sobre ello.

EN EL CAMINO RECTO

Una de las cosas que me impresiona de Maxwell es la forma en que define el liderazgo. A diferencia de otros autores, él no se limita a analizar estrategias para alcanzar ciertas metas de éxito profesional o cómo lograr que otras personas colaboren en un proyecto. No: Maxwell desarrolla el concepto de líder *efectivo* y, quizás sorprendentemente, ubica al respeto y los valores en el centro de su concepción del liderazgo.

Un líder efectivo y relevante, dice Maxwell, es una persona que se gana el respeto de otros dando el ejemplo con la vida que lleva y los valores que practica. La *ley del respeto* consiste en que otras personas sienten que el líder es alguien digno de imitar y de seguir. Muy lejos de analizar el liderazgo como la mera capacidad de hacer que otros se pongan en sintonía con un proyecto determinado, Maxwell va mucho más allá: cree que lo que determina la efectividad de un líder es su *legado*, lo que deja detrás de sí cuando pasa a la historia.

Influir en otros no es manipularlos o engañarlos; por el contrario, y como veremos un poco más abajo, la integridad es una característica fundamental para todo líder.

En el capítulo anterior te decía que lo primero que debes hacer para embarcarte en la travesía hacia el liderazgo auténtico es tener en claro quién eres. Maxwell está en un todo

de acuerdo con esta idea. "Yo soy quien soy, no importa dónde esté o con quién", insiste al mencionar la integridad entre sus valores fundamentales.

Como verás, para Maxwell el liderazgo tiene una dimensión ética. La capacidad de un líder se mide por su influencia y esta influencia debe ser positiva: un legado por el que valga la pena que te recuerden. Él se refiere sin ambigüedades a la vida moral del líder. Si quieres liderar efectivamente tienes que cuidar tu carácter moral, porque éste será tu legado. Debes ser recto, honesto y accesible, y evitar el engaño.

Aristóteles estaría muy de acuerdo con esta visión de Maxwell. Como habíamos dicho antes, el estagirita creía que la virtud (que no es otra cosa que la disposición para hacer el bien) no sólo era necesaria, sino que era lo que te llevaría a la felicidad. Todo líder efectivo sabe que la ética forma parte de su propósito en este mundo: para realizar sus aspiraciones, debe conectarse con su "deber ser" y poner rumbo hacia allí.

Lamentablemente, muchísimos líderes fracasan en este punto crucial. Conozco el caso de un hombre que llegó a tener una gran influencia y a quien muchos tomaban como modelo, un corredor de la Bolsa de Valores estadounidense que se hizo multimillonario, pero que al cabo de unos años se reveló como una persona de poca ética, que había cometido fraudes. Hoy su estrella se apagó y pasa sus días en la cárcel. La gente que lo respetaba y admiraba se llevó una inmensa decepción. ¿Cuál crees que será su legado? ¿Crees que la gente lo recordará por todas las palabras inspiradoras que dijo cuando estaba en la cima? ¿Por los buenos consejos que brindó a quienes se estaban iniciando en un camino parecido al suyo? No, claro que no. Todas las buenas cosas que hizo han quedado opacadas y manchadas por sus faltas. Siempre se lo recordará como un delincuente y un fraude. Es una historia triste.

¿Recuerdas la historia que te conté al principio de este libro? ¿Sobre la vez que decidí irme de una radio por no encontrarme a gusto con la falta de ética de su conducción? Esto es lo que quiero decir cuando hablo de integridad. Si cedes en lo pequeño, al final es probable que termines cediendo en lo grande. Abandonar tus principios es el inicio de un camino descendente que no quieres tomar.

El escritor inglés Gilbert K Chesterton, autor de excelentes novelas y cuentos cortos, ensayista, poeta, filósofo, crítico de arte y teólogo aficionado, es el creador de uno de los héroes más peculiares de la literatura: el Padre Brown, un sacerdote de apariencia inofensiva que se ve más o menos convertido en detective y que es el protagonista de más de medio centenar de cuentos. En la resolución de los casos que se le presentan, el Padre Brown combina un prodigioso intelecto con una moral y una compasión a prueba de todo. Al principio lo hace solo y luego con la ayuda de Flambeau, un ladrón reformado. La escena en que el clérigo descubre a Flambeau y lo convence de abandonar su vida delictiva es conmovedora pero, lo que es más importante para nosotros, es también importante por el argumento moral que desarrolla el protagonista.

"Los hombres han podido establecer una especie de nivel para el bien", le dice el Padre Brown al criminal descubierto, que está trepado a una pared, dispuesto a escapar con su botín. "Pero ¿quién ha sido capaz de establecer el nivel del mal? Ese es un camino que baja y baja incesantemente. El hombre bondadoso que se emborracha se vuelve cruel. El hombre sincero que mata miente después para ocultarlo. Muchos hombres he conocido yo que comenzaron, como usted, por ser unos pícaros alegres, honestos ladronzuelos de gente rica, y acabaron hundidos en el cieno."

En la mente de un verdadero líder la ética no es un mero *plus* que es bueno tener para completar una lista de requisitos; es una parte esencial de lo que es. No menosprecies este punto y no te dejes deslumbrar por las tentaciones que se te presentarán en el camino. La gente te recordará por los momentos en que decidiste actuar bien o mal ante las alternativas que se te presentaban. Haz las elecciones por las que quieres que te recuerden. Tus actos de hoy construyen la historia que otros repetirán al hablar de ti. ¿Qué historia quieres contar?

ELLOS TE ESTÁN ESCUCHANDO

Como te imaginarás, en los veinte años que llevo en mi tarea de comunicador he desarrollado cierto método que me permite "llegar" a mis oyentes en forma efectiva. Cada vez que voy a dar una charla, le pregunto a quien me haya contactado cuáles son las metas que tiene en mente; también trato de informarme sobre el perfil de las personas que van a asistir. Entonces varío el contenido de mi charla de acuerdo a la audiencia. Y, por supuesto, trato de articular mi mensaje en la forma más persuasiva posible.

Estos pasos que adopto están todos orientados a producir una verdadera *conexión* con el público, para que mi mensaje sea efectivo. Yo podría hacer las cosas de otro modo; podría, por ejemplo, tratar de aprovechar al máximo el tiempo disponible para transmitir la mayor cantidad de información. Pero me he dado cuenta de que la información es secundaria. Si un comunicador tiene buena información pero no sabe conectar con su público, lo pierde; en tanto que un buen comunicador establecerá una conexión profunda con su audiencia que hará que ésta se interese por su mensaje y busque por su cuenta información adicional a la que se haya brindado en el encuentro.

Después de todo, en estos tiempos de Internet la mayor parte de la información está disponible para cualquiera, no en manos de alguna logia secreta que la mantiene bajo siete llaves. Lo que no abunda tanto es la capacidad de conectar, de hacer que el público comprenda la importancia de tu mensaje para su propia vida, que renueve su pensamiento. Y a esto voy cuando digo que lo importante no es informar, sino *inspirar*. En una de sus leyes Maxwell lo expresa así: "Cuando el verdadero líder habla, las personas escuchan". Escuchan porque quieren saber lo que *tú*, tú en particular, tienes para decirles. Están dispuestas a seguirte y a aprender de ti, no por la información que tienes, sino por la nueva perspectiva que puedes darles.

Forma parte del arsenal de todo líder la capacidad para comunicarse y hablar en público, lo que no significa acumular datos sino conectar con su audiencia en un nivel profundo e inspirar a sus oyentes a tomar acciones concretas para mejorar sus vidas.

Por eso te digo hoy a ti, que estás ya recorriendo el camino que te llevará a ser líder de ti mismo y acaso también para otros: *inspirar es mejor que informar*. Interésate por aquellos con quienes hablas, ya sea en charlas organizadas o en conversaciones espontáneas. Ellos te están escuchando; es tu oportunidad para darles algo de valor. Si lo haces, tus palabras no pasarán inadvertidas.

LA VOLUNTAD

Cuando, en agosto de 2018, fui invitado a dar una charla en Puerto Rico, que aún luchaba por remontar las desastrosas consecuencias del huracán María, comprobé que el país estaba sumergido en una atmósfera de temor y de ausencia de esperanza. El huracán había azotado a la isla con violencia, casi se diría con crueldad, y dejado un tendal de

muertos, además de poner de rodillas a la infraestructura de todo el país y provocar inmensas pérdidas materiales. Se respiraba un aire no sólo de desazón sino de *fatalismo*, aquel sentimiento que nos lleva a pensar que los males que nos aquejan son imposibles de superar, porque son el producto de fuerzas externas demasiado inmensas para ser derrotadas.

¿Y quién podría culpar a mis compatriotas por pensar así? Muchos de ellos habían perdido gran parte de sus pertenencias; otros aún sufrían de síndrome postraumático tras el paso de María. Parecía absurdo pensar en esos momentos en términos optimistas. Y sin embargo, yo sabía que mi tarea como comunicador era justamente sacar a las personas de esa mentalidad negativa; lograr que transformaran su forma de pensar y abandonaran esa desesperanza y esa victimización; recordarles que podían tomar las riendas de sus vidas y salir adelante.

"Pero, Hiram", quizás estés pensando tú, lector, "¿cómo se puede pretender que personas que han sido víctimas de semejante catástrofe puedan pensar en positivo y hacerse cargo de su destino? Esas personas *son* realmente víctimas; han sufrido una tragedia proveniente de fuerzas insuperables."

Y algo de razón tendrías. Pero ante tales objeciones sólo puedo pensar en Victor Frankl, el famoso psiquiatra y neurólogo austríaco que, mientras permanecía prisionero del terrible régimen nazi en Alemania, optó por mantener una actitud positiva en medio de tanto horror. Así logró sobrevivir al Holocausto, en tanto que otras personas en su situación se dejaban vencer por la desesperanza.

Frankl, que luego escribiría el famoso libro *El hombre en busca de sentido*, halló la explicación de su propia supervivencia en su voluntad de esperanza. Esta voluntad es lo que los nazis no podían quitarle, aunque le quitaran todo lo demás. Aun en los momentos más trágicos, argumenta, es importante mantener esa voluntad de esperanza y la capacidad de pensar en un mejor futuro. Los que no lograban hacer esto, los que se entregaban a la desesperación, eran los primeros en morir.

Y es que no sólo de pan vive el hombre; también, y quizás más fundamentalmente, vive de esperanza. Hasta en los momentos más amargos, en que nos tienta abandonarnos al nihilismo, es posible hallarle un sentido a la vida. Frankl nos invita a descubrir ese sentido en algo que está más allá de nosotros mismos y que es más grande. Como pastor, yo quería inspirar a mis compatriotas a hallar ese sentido aun en un país asolado. Y creo que lo logré. Luego de de la charla, varias personas se me acercaron para decirme que mis palabras las habían tocado, que se sentían edificadas; yo les había dado esperanza.

Ya que acabo de decir esto de hallar un sentido en algo externo y superior a nosotros, no puedo dejar de mencionar otro gran ejemplo de actitud positiva y cargada de fe ante circunstancias muy penosas: el de Saulo de Tarso, también conocido como el apóstol Pablo, quien, por predicar el Evangelio de Cristo, permaneció prisionero durante varios años. Cuando sus seguidores en Filipos le llevaron una ofrenda a la cárcel, él les respondió con una carta (la "Epístola a los Filipenses") en la que agradece el regalo y asegura estar atravesando su penuria con entereza. "He aprendido a contentarme cualquiera sea mi situación", dice Pablo; "sé vivir humildemente y sé tener en abundancia." Y subraya: "Todo lo puedo en Cristo, que me fortalece." Esta frase se convirtió en una de las máximas del cristianismo. La lección es, una vez más, que se puede reaccionar con optimismo ante las dificultades más grandes. Pablo pudo hacerlo y tú puedes hacerlo también si te enfocas en la actitud correcta.

III

¡TRANSFÓRMATE!

*Con esta fe podremos extraer
de la montaña de la desesperación
una piedra de esperanza.*

—Martin Luther King Jr

En el capítulo anterior hemos visto algunas leyes y consejos que te convendrá seguir en tu camino de transformación. Pero las leyes y consejos por sí solos no alcanzan para producir un cambio en tu vida. Por más que te lo propongas con todas tus fuerzas, te hará falta algo más. Y este algo más no proviene de preceptos exteriores sino de tu interior. Se trata de las cualidades esenciales que toda persona debe tener para mantenerse firme en el camino del liderazgo relevante.

Pues bien, de eso se trata este capítulo.

Para realizarte como líder, para satisfacer tus objetivos y alcanzar la misión que te has propuesto, debes descubrir en ti mismo las tres cualidades que te serán esenciales para hacerlo, y a partir de allí, desarrollarlas.

LAS CUALIDADES DEL LÍDER

Si tuvieras que identificar a un líder entre otras muchas personas, en una fiesta por ejemplo, sin más información que la actitud que muestran, probablemente señalarías a la persona que se desenvuelve con más confianza. Y probablemente tu intuición te haría acertar, porque la *confianza* es una de las características de quienes tienen influencia, una de las tres cualidades del líder.

En principio, la confianza en uno mismo es causa y efecto del liderazgo. Es efecto porque al ser alguien cuyas acciones son efectivas y relevantes, eso aumenta tu autoconfianza; y es causa también, porque si otras personas te ven actuar con seguridad y confianza, estarán más inclinadas a seguirte o a trabajar contigo.

Pero el concepto también se refiere a la confianza en tus metas, en lo que quieres lograr, y en las decisiones que te llevarán a lograrlo.

Hace tiempo vi la película *Secretariat*, dirigida por Randall Wallace, que cuenta la historia real de un caballo que se convirtió en una estrella del hipismo en los años setenta. Diane Lane interpreta al personaje principal, Penny Chenery, una mujer que hereda el establo de su padre y con él, al animal que da título al filme. Lo que ocurre en pantalla sigue la línea de lo que vivió Penny en la vida real. A pesar de no saber nada sobre carreras de caballos y de ser mujer en un negocio dominado por hombres, la protagonista logra convertir a Secretariat en el primer campeón de la Triple Corona en un cuarto de siglo. Esto lo hace a pesar de que las personas a su alrededor no creen en ella y la animan a desistir y a dejar el negocio en manos de los hombres, que frecuentemente la llaman "jovencita" o "ama de casa" en tono despectivo. Sin embargo, con la deslumbrante victoria de Secretariat, Penny ve premiada su propia visión ante la vida. Incluso llegó a ver su historia llevada al cine, ya que *Secretariat* se filmó en 2010 y la verdadera Penny Chenery murió en septiembre de 2017. El mensaje expresado en el filme es que "cada uno debe correr su propia carrera", es decir, hacerse cargo de su propio destino.

A poco de andar en esta aventura notarás que te ocurre algo similar a lo que le ocurre a Penny en esta película: las personas que te rodean adoptarán la posición "razonable" y te señalarán todas las dificultades que se te presentan; te animarán a desistir y a quedarte en tu lugar de seguridad. Sus argumentos serán tentadores; después de todo, es cierto que habrá dificultades y que el camino es incierto. Pero no debes ceder.

Quizás te suene familiar la analogía de los cangrejos. Imagina a varios cangrejos en un balde. Naturalmente se encuentran todos amontonados en el fondo, ya que la escarpada pared del balde hace muy difícil poder salir. Pero ésta no es la dificultad más grande. Sucede que cada vez que uno de los cangrejos procura, con gran esfuerzo, subir por la pared del balde para llegar al borde y lograr escapar, el resto de los cangrejos tiran de él y hacen que vuelva a caer con ellos en el fondo del balde.

Esto es lo que hacen la mayoría de las personas cuando emprendes un camino difícil: dudan de ti, minan tu confianza, dicen que no podrás hacerlo. A la dificultad propia de tu misión suman la negatividad del descrédito. Es fácil ceder a esa negatividad y darse por vencido, pero un verdadero líder conserva la confianza en sí mismo a pesar de las opiniones adversas.

Entre los ejemplos más recientes de personajes que mantuvieron su confianza en sí mismos a pesar de que el resto de las personas dudaban de ellos está el de Michael Jordan, el jugador de baloncesto. Jordan fue rechazado en su juventud: no entró en el equipo de baloncesto de la secundaria (*high school*) porque el entrenador no creyó que fuera un buen jugador. Hoy todos conocemos su nombre, porque es sinónimo de este deporte, algo que nadie hubiera imaginado en su momento y que nunca habría ocurrido si el joven Michael se hubiera dejado desalentar por la decisión del entrenador y se hubiera dado por vencido.

La segunda cualidad del líder es el *valor*. Se pone en juego ante circunstancias temibles que harían retroceder a la mayoría de las personas, pero no a un verdadero líder, que se atreve a enfrentar esas circunstancias y prevalecer. Pienso en el caso de Winston Churchill, primer ministro británico en los años cuarenta, que durante una de las épocas más terribles de la historia humana tuvo el coraje y la decisión de no darse por vencido, de rechazar la invasión alemana y llevar a su pueblo a la victoria en la Segunda Guerra Mundial.

El pronóstico, nuevamente, le era desfavorable a Churchill. Los políticos propiciaban en aquel momento un acuerdo con Adolf Hitler, cuyo avance por Europa parecía imparable, pero él se mantuvo firme: imposible, dijo, negociar con un monstruo semejante. "No tengo nada que ofrecer salvo sangre, sacrificio, lágrimas y sudor", dijo en su discurso más famoso, su primero como conductor de la nación. Y la gente lo siguió, halló en él la voz del valor y la determinación. Así es como se hace historia.

Déjame traer a colación otro ejemplo bíblico: la historia de David y Goliat, que seguramente ya conoces pero igual vale recordar. En medio de una tensa calma entre israelitas y filisteos en el valle de Elah, Goliat, un gigante filisteo, disfruta burlándose de los israelitas, diciendo que si uno de ellos logra vencerlo en combate, los filisteos serán esclavos de los israelitas, pero si él vence, serán los israelitas los esclavizados. Obviamente Goliat, siendo un gigante, sabe que su contextura física le asegura el triunfo en cualquier enfrentamiento mano a mano, y nadie recoge el guante, ni siquiera Saúl, rey de Israel y por lo tanto, líder del ejército israelita.

Pero aparece el joven David, que jamás había luchado en una guerra, y reclama para sí la oportunidad de cubrirse de gloria venciendo al gigante. Saúl se opone, pero David

insiste, diciendo que a pesar de su falta de experiencia en la batalla, está habituado a defender a las ovejas que pastorea de los osos y leones, utilizando una simple honda. Al final logra la autorización de Saúl, recoge unas piedras del río y va a enfrentarse al gigante, al que ataca invocando la ayuda de Jehová. Una sola piedra le basta para matar al enemigo y conquistar la victoria sobre los filisteos. Ya no es Saúl el llamado a convertirse en rey, es David, el joven héroe que decidió actuar cuando todos dudaban.

Quizás te parezca obvio utilizar la historia de David y Goliat como un ejemplo del valor que caracteriza a los verdaderos líderes; te sorprenderá, tal vez, comprender que la estoy utilizando como ejemplo de la otra virtud de que te venía hablando: la confianza. Por supuesto que el joven David fue muy valeroso al enfrentarse al gigante, pero aquí me interesa señalar la tremenda confianza que tenía en sí mismo y en sus capacidades. No iba a una misión suicida; iba a una misión peligrosa para la cual contaba con algunas ventajas. En su libro *David y Goliat*, el ensayista Malcolm Gladwell se sirve de esta historia bíblica para subrayar la importancia de identificar las propias ventajas en las coyunturas que parecen insalvables.

David, señala Gladwell, no estaba inerme frente al gigante: era más ágil gracias a su menor tamaño y tenía un arma, la honda, que resultaba muy útil en enfrentamientos a distancia, lo que le evitaba tener que acercarse a Goliat y a su temible y voluminosa espada. Al gigante no le quedaba otra que atacar desde cerca, es decir, entablar una lucha cuerpo a cuerpo; pero la elección de la honda le quitaba esa posibilidad. David contra Goliat es la artillería contra la infantería, una forma de combate contra otra, y la artillería es aquí la que gana. David confiaba en sí mismo, pero no *ciegamente*; conocía sus ventajas y las utilizó para ganar. Es más fácil tener confianza en ti mismo cuando tienes *self-awareness*.

La tercera cualidad del líder (pero, para mí, la primera, la más importante) es la *fe*.

MOVIENDO MONTAÑAS

Escribo esto apenas un par de meses después de un gran encuentro en el parque de Stone Mountain, en Georgia, del que participaron unas 20.000 personas. Se trataba de un evento de "reconciliación racial" convocado bajo el nombre de One Race (Una Raza) y en caso de que te preguntes por qué se hizo en ese lugar, es porque Martin Luther King, en su famoso discurso "I have a dream" ("Tengo un sueño") pronunciado en Washington DC, dijo que parte de su sueño era ver a los hijos de esclavos y a los hijos de los dueños de esclavos sentarse juntos a la mesa de la hermandad. Dijo que soñaba con que esto ocurriera a todo lo ancho de los Estados Unidos, y entre los lugares que mencionó estaba Stone Mountain, donde la organización racista Ku Klux Klan (KKK) había quemado una cruz en 1948, en el acto de iniciación de 700 miembros.

El encuentro fue una ceremonia de fe, de valores, en la que finalmente se realizó el sueño que MLK había enunciado más de medio siglo antes: estadounidenses blancos, afroamericanos y latinos como yo nos sentamos a la misma mesa a compartir la comunión. Se oró y se pidió perdón, buscando la reconciliación.

Fue uno más en una larga serie de hechos que demuestran que el sueño de King ha encarnado en la sociedad estadounidense. En las décadas transcurridas desde su muerte se alcanzaron hitos que habrían resultado impensados en su época.

El primero de ellos fue, quizás, la sanción del derecho al voto de la minoría afroamericana, en 1965. Aunque ese derecho ya existía desde hacía un siglo, una serie de leyes y decisiones judiciales lo impedían en la práctica, pero el movimiento por los derechos civiles liderado por MLK logró que finalmente se estableciera a través de la Voting Rights Act.

Dos años después, por primera vez, un hombre de raza negra llegó a la Corte Suprema; se trata de Thurgood Marshall, un activista por la igualdad racial que abogó con éxito contra la segregación en las escuelas y que ocupó el cargo de juez del máximo tribunal hasta 1991, cuando lo sucedió Clarence Thomas, otro hombre de color.

Diez años después, Colin Powell se convirtió en el primer Secretario de Estado afroamericano; lo seguiría la también afroamericana Condoleezza Rice, primera mujer, a su vez, en ocupar el cargo. Finalmente, en 2008, en un hecho inédito en la historia, el pueblo de los Estados Unidos eligió a su primer presidente afroamericano, Barack Obama, quien asumiría el cargo en enero de 2009 y gobernaría el país por ocho años.

Hay que reconocer que queda mucho por hacer en la materia. En los últimos años, las marchas y manifestaciones públicas han acarreado más violencia que reconciliación. Blancos lanzando frases de odio, gente de color respondiendo con odio también... Tiempos difíciles en los que no aparece un líder que encabece un movimiento de reconciliación y de paz para sanar las heridas y traer unidad.

Pero Martin Luther King lo hizo, y en un contexto mucho peor que el actual. Le costó grandes esfuerzos; le costó un río de lágrimas; le costó la vida. Pero lo hizo, y hoy yo, como latino, estoy disfrutando la libertad y los derechos civiles que se consiguieron como resultado de su gran sacrificio y de su capacidad de liderazgo.

MLK fue un hombre con una fe de gigante, y sólo por eso logró cambiar la historia. Me acusarás, tal vez, de sentimental, pero soy de los que creen que la fe mueve montañas. Porque hay algo más grande que uno mismo, porque yo creo que se trata de Dios y por eso

buscaré siempre su sabiduría, consejo y dirección, para ser más humano y servir con honra a mis semejantes. Ese es el testimonio de Martin Luther King en mi vida.

UN PASO ADELANTE

Hemos visto en algún detalle cuáles son las características que definen al líder y las leyes que rigen el liderazgo. Pero este análisis por sí mismo es pasivo, no alcanza para convertirte en el líder que quieres ser. Es necesario, por supuesto, pasar a la acción.

Aquí, aunque te parezca mentira, es donde muchos se paralizan. Después de haber definido lo que querían hacer, de haber considerado las dificultades, de haberse trazado un plan de acción... no hacen nada. ¿Por qué? Porque se refugian en la indecisión y el temor, enmascarados bajo la forma del sobre-análisis. Se pasan el tiempo evaluando todo lo que puede salir mal, los pros y contras de la decisión que tomaron, y así la postergan, a veces indefinidamente.

No creas que a mí no me ha ocurrido. Después de tomar la decisión de venirme a vivir a los Estados Unidos, pasé siete meses analizando todas las derivaciones de tal iniciativa. Yo quería hacerlo, por supuesto; pero tanta vacilación, tanta reflexión sobre la decisión tomada, revelaba en realidad una emoción humana muy atendible: el temor. Me daba temor el gran paso que estaba por dar.

Por suerte, al final abandoné ese estado de indecisión y concreté la iniciativa. Y estoy orgulloso de haberlo hecho. Claro que podría haber salido mal. Claro que me enfrenté a momentos difíciles y desalentadores. Pero hoy miro hacia atrás y me doy cuenta de que fue una de las mejores decisiones que tomé en mi vida.

No te dejes ganar por el temor y las dudas. Son naturales, pero pueden dominarte y aplastarte si no los mantienes a raya. Una vez que has identificado tus aspiraciones y te has trazado un plan para realizarlas, ¡HAZLO! Pon en marcha el plan. Da el gran salto. Emprende el camino de la transformación. Pensar y repensar te ha servido para decidir; ahora es momento de poner en práctica lo que has decidido.

Nuevamente te diré esto: sé perfectamente que decir las cosas es más fácil que hacerlas, y que en la realidad las dudas te asaltarán continuamente, minando tu decisión. Por eso quiero compartir contigo algunos breves conceptos que a mí me han ayudado a la hora de ponerme en acción:

1. **Visualiza** lo que quieres que ocurra. Ponles a tus sueños un aspecto concreto; ten en claro cómo se verá eso a que aspiras. "Bájalo" de la abstracción y ponle un ropaje físico, identificable.

2. Recuerda que **una decisión se toma y luego se administra**. Decidir no es el final, sino el principio; lo que sigue es la estrategia que seguirás para convertirla en realidad. En mi caso, por ejemplo, mudarme a otro país significaba que ya no tendría un empleo seguro, y por lo tanto tuve que delinear una estrategia concreta que implicaba reducir gastos y cambiar mi actitud ante el dinero.

3. **Analiza** las consecuencias de dar el gran paso. Sí, puedes fracasar; tenlo en cuenta y busca evitarlo. Tómate el tiempo necesario para reflexionar (¡pero no más!) y consulta con personas que sean modelo de éxito y que te inspiren. Cada decisión tiene consecuencias; anticípalas y anticipa su impacto para estar preparado.

4. Por último, pero no menos importante: ten claro que **fracasar no es el final**. Date un margen para el error; seguramente fallarás una o más veces, y tienes que saber que no es el fin del mundo. El fracaso es sólo el preludio del éxito. Es un paso más en el camino que estás andando: es parte de tu aprendizaje para mejorar.

IV

EL CÍRCULO ÍNTIMO

*El mejor legado de un padre a sus hijos
es un poco de su tiempo cada día.*

—Leon Battista Alberti

Ya tienes en claro *quién eres* y estás decidido (espero) a no olvidarlo nunca, y a mantener tus valores firmemente durante la travesía. El siguiente paso es, como te lo anticipaba algunas páginas atrás, reconocer y apreciar *lo que tienes*. Y si has formado una familia, ésta es, por lejos, lo más importante que tienes.

En un discurso pronunciado ante jóvenes que se graduaban en la Universidad de Houston, Texas, en 2017, el famoso actor y político Arnold Schwarzenegger, quien en su juventud fue galardonado con el título de "Mr. Universo", ofreció una lección que estos jóvenes probablemente jamás olvidarán. En el diploma, dijo, "sólo habrá un nombre, y será el tuyo, pero espero que esto no te confunda y pienses que quizás hayas llegado tan lejos tú solo. No, no lo hiciste. Ninguno de nosotros puede hacerlo solo. Ninguno."

En su alocución, Schwarzenegger rechazó la etiqueta de *self-made man* (el "hombre que se hizo a sí mismo") y la consideró un mito. "Yo no me materialicé de la nada como el Terminator en una bola de fuego en las calles de Los Angeles", señaló. "No. Nunca habría triunfado en la vida sin ayuda. Ocurre que soy alguien que, por ejemplo, cree en Dios. Que fuimos creados por Dios. Pero supongamos por un momento que no crees en eso; al menos debes creer, como yo, en un aspecto biológico, en que tus padres te crearon. Yo no estaría aquí si mis padres no me hubieran creado, nutrido, alimentado, cambiado mis pañales, si no me hubieran amado y abrazado y todo lo demás."

También nombró a los maestros y profesores, a los entrenadores, a los mentores y a otras personas que lo ayudaron, cada una a su manera, en su ruta estelar. Pero fue su madre quien lo ayudó a estudiar y su padre quien le enseñó disciplina y le transmitió su amor por el deporte. La familia, dijo, fue fundamental en hacer de él lo que llegó a ser, lo que hoy es.

Aprecia a tu propia familia y procura que sea lo que tus hijos necesitan para tener una vida recta y perseguir sus sueños en libertad.

LA FAMILIA PRIMERO

Tengo la suerte de haber crecido en una familia que le daba mucha importancia a la fe, la unidad y el respeto. Tenía, como todas las familias, sus problemas, pero el amor era más fuerte. Mis padres, ambos trabajadores, pudieron ayudarnos a salir adelante a mí y a mis tres hermanos. Nunca fueron emprendedores ni nos impulsaron a serlo; nos alentaron a seguir el camino tradicional de estudiar en la universidad y luego conseguir un empleo. Yo lo hice, y luego busqué mi propio camino, menos transitado. Pero heredé de ellos valores que me parecen fundamentales para la vida familiar, y que vale la pena enfatizar en estos tiempos en que, lamentablemente, se están perdiendo.

Nuevamente: fe, unidad, respeto. Cualquiera sea la búsqueda que hagas en lo personal y lo profesional, ya sea que quieras avanzar en un trabajo asalariado, en un negocio propio o en un área creativa, hallarás en tu familia la roca que te sostendrá y te dará los momentos más importantes de tu vida. La familia es central, es lo más importante de todo, y por eso debe ser tu prioridad. ¡No la descuides!

En mi caso tengo que decir que he tenido suerte al formar mi propia familia, aunque no todo es suerte, claro; mi esposa y yo hemos trabajado mucho por nuestra relación. Y es que como la familia es lo primero, muchas veces tienes que dejar otras cosas de lado en pos de la familia. Pero vale la pena.

Yo me casé a los veintiuno, que es una edad normal para casarse en mi Puerto Rico natal. Antes de eso jugaba mucho al baloncesto, ya desde la secundaria, y seguí haciéndolo durante los dos primeros años de universidad, donde estudié ciencias de enfermería. Allí conocí a Yolanda. Nos pusimos de novios y a los tres años, nos casamos. Fue el inicio de una historia de felicidad. Dejar de jugar tanto al baloncesto, para ocuparme en cambio de mi nuevo hogar, fue una de las primeras decisiones que tuve que tomar en pos de construir esa familia que estaba iniciando.

Y, por supuesto, no me arrepiento. Siempre sentí que ahí estaba mi prioridad, y te animo a que lo pienses de la misma manera. Especialmente si estás en un momento en que debes trabajar mucho en pos de tus sueños, quizás inspirado por este libro que tienes entre manos. Persigue tus metas, aplica estas técnicas y enseñanzas; pero es importante que, al hacerlo, no dejes de lado tu hogar.

Cuando tú decides formalizar una relación y, luego, formar un hogar, ese hogar se convierte en tu prioridad número uno. Construir una relación sana y feliz con tu pareja, y luego un ambiente en que los hijos puedan desarrollarse en orden y armonía: nada es más importante que eso. Recuerda siempre que en la búsqueda del éxito y de realizar tus aspiraciones tal vez no puedas llegar a tenerlo todo, pero lo tendrás todo en la familia.

Tristemente, no son pocos los que se afanan tanto por alcanzar sus metas profesionales o personales que, sin quererlo, terminan descuidando y relegando a su familia. Y no vale la pena, realmente. Hay que soñar en grande, sí, pero ten cuidado de no perder, en el afán por alcanzar tus sueños, lo más importante que tienes.

PERDIENDO EL NORTE

Esta es la lección que comprende Jerry Maguire, el representante de deportistas interpretado por Tom Cruise que protagoniza la película homónima de 1996 dirigida por Cameron Crowe. *Jerry Maguire*, la película, podrá contener escenas que para algunos resultan ofensivas, pero contiene también grandes verdades sobre carácter, liderazgo, vida de familia y el trato a los semejantes.

"Me convenciste con sólo decir *Hola*", le dice a Jerry su bella esposa Dorothy (Renée Zellweger) en la escena más famosa de la película, un momento que ya se convirtió en meme. Ese momento es el corazón narrativo y moral de la historia. Es la culminación de un reencuentro en el que Jerry reconoce que no puede vivir sin ella, que tenerla a su lado es mucho más importante que todo el éxito logrado en su carrera profesional representando a atletas. Ha llegado a la cumbre, pero en el camino perdió la alegría, ya que las dificultades familiares surgidas de la falta de prioridades entre trabajo y vida íntima terminaron por llevar a la separación de la pareja. Una pareja que, vale decir, se había formado al calor de esa búsqueda del éxito, cuando ambos trabajaron juntos y muy fuerte para que el negocio de Jerry despegara.

Una vez comprendido su error, Jerry sale a buscar a Dorothy, y la encuentra en medio de una reunión de mujeres que se quejan amargamente de lo difícil que es estar con un hombre. "Siempre nos quejamos, sí", dice ella, "y los vemos como nuestros enemigos. Pero algo está claro: yo amo a mi enemigo." Es entonces cuando la presencia de Jerry la sorprende. Él despliega ante ella lo que hay en su corazón, en un discurso un poco atropellado que ella interrumpe para pronunciar esa frase tan recordada. *You had me at 'Hello'*, dice, y entendemos que las cosas han cambiado, que ambos volverán a estar juntos y de ahora en adelante pondrán a su relación por sobre todo lo demás, incluyendo el éxito profesional.

Entre los casos de la vida real en que esta tensión entre familia y ambición empresarial terminó dañando a la parte más importante, podemos mencionar el del famoso *showman* P.T. Barnum, exhibidor de fenómenos, creador de un circo megaexitoso, promotor de artistas, político y filántropo.

Haciendo un repaso por la biografía de Barnum, nos encontramos con una advertencia sobre el peligro de dejar de lado a tu familia en el afán de perseguir tus sueños. Desde su juventud hasta su vejez, Barnum nunca dejó de trabajar; cambió varias veces de actividad, pero jamás se retiró, y su extraordinario éxito fue en buena parte gracias a que no se quedaba quieto. Siempre encontraba algo nuevo a lo que dedicarse: alternó sus viajes con el circo, las giras con la cantante de ópera Jenny Lind, el trabajo como legislador en Connecticut y hasta la gestión al frente del ayuntamiento de Bridgeport, donde fundó un hospital.

Obviamente Barnum tuvo años muy prósperos y sus dos mujeres conocieron un estilo de vida exuberante. Pero también tenían un marido muy ocupado. Y la vida familiar no era del todo feliz. Su primera esposa, Charity, era la encargada de mantener la casa y criar a los hijos mientras él viajaba permanentemente por el país y el exterior y le escribía con noticias de sus éxitos. Ella sufría de una enfermedad crónica y la muerte de una de sus pequeñas hijas la devastó. Charity asumía básicamente en soledad las alegrías y sinsabores de la familia y la crianza de las hijas, mientras su marido se zambullía en un emprendimiento tras otro. Naturalmente, una persona que está siempre ocupada se convierte en un *ausente presente* y se desconecta emocionalmente del universo de su familia. Persigue erradamente en el materialismo lo que sólo el amor, la atención y el buen compartir pueden brindar.

¿Cómo evitar que te ocurra esto? Después de todo, el tiempo siempre es limitado y la energía también. Dedicarles ambas cosas tanto a tu trabajo como a tu familia y a tus actividades favoritas suena a demasiado. ¿Quién puede con todo?

Te diré el secreto: la familia no debe ser una de las tantas cosas a las que les dedicas tu esfuerzo; al contrario, debe ser tu espacio de descanso.

Es importante en la vida detenerse cada tanto, hacer una pausa, tomarse el tiempo de reflexionar. O, simplemente, de disfrutar. En la introducción a una de mis charlas les dije a las personas que me escuchaban que respiraran profundamente tres veces. Se produjeron unos momentos de silencio mientras me hacían caso y al final todos estaban sonriendo. "¿Verdad que se siente bien?", les pregunté. Tomarte un tiempo para ti mismo, *parar el balón* como dicen los futbolistas, no sólo es bueno para ti, sino que también es placentero. Disfruta de eso, haz tu pausa.

Hazte un tiempo cada día para compartir la mesa con tu familia, sin televisor ni celulares, sólo tú, tu pareja y tus hijos conversando y compartiendo el momento. Verás cómo lo disfrutas y sientes que estás empleando el tiempo en lo que es realmente importante. Además, en estos momentos recobras la energía para proseguir con tus tareas después y despejas la mente de problemas y afanes. El psicoanalista Masud Kahn habla del estado mental de quien descansa como "estar en barbecho", un término que significa que aunque no te halles en trabajo activo, tu mente está funcionando igual, dejando fluir las ideas, preparándose, procesando elementos mientras tú te mantienes en la quietud. La psicóloga Silvia Fantozzi lo considera un "batido proteico" en el que tu cerebro se sumerge para luego emerger con fuerzas e ideas renovadas.

INSTRUCCIÓN PARA EL RESPETO

Por cierto que esto es cada vez más difícil en el mundo moderno, y hay que hacer un esfuerzo voluntario para poder hacernos ese espacio dedicado al compartir en la familia. Las cenas familiares (por llamarlas de alguna manera) suelen transcurrir más o menos así: La madre sirve la comida mientras el hijo juega con su teléfono móvil, sin prestar atención a lo que ocurre a su alrededor. El padre levanta su plato y se lo lleva al living, donde está el televisor, y come frente a la pantalla mirando un partido de fútbol o, lo que quizás sea peor, el noticiero, aislándose así de la familia para someterse a un bombardeo de noticias negativas y deprimentes, que abaten el alma. El hijo, en tanto, devora rápidamente su parte y se encierra en su cuarto para hablar con sus amigos a través de algún dispositivo tecnológico. La madre queda sentada sola a la mesa, termina su plato en silencio y se va.

Si el párrafo de arriba describe más o menos acertadamente lo que ocurre cada noche en tu casa, tienes un problema. Pero, ciertamente, no eres el único. ¿Cuántas familias hacen esto o, mejor dicho, dejan que esto les ocurra? Hemos relegado en la televisión, los teléfonos y las computadoras la tarea de comunicarnos. La tecnología está alejando a las familias. No soy el primero ni seré el último en decirlo. Estudios recientes muestran un aumento del suicidio entre los adolescentes y otros muestran que las redes sociales causan depresión; ambos fenómenos seguramente están relacionados, ya que son los jóvenes los que se exponen a toda hora a este tipo de redes.

Al reemplazar la conversación familiar por el entretenimiento hemos también perdido la instrucción como función de las familias, y la hemos dejado exclusivamente en manos del sistema educativo formal. Ahora bien, yo estoy completamente a favor de la educación pública y la escuela me parece un lugar muy importante, pero no podemos pedirle a la escuela que reemplace una tarea esencial de la familia que debe darse en el hogar.

Te decía más arriba que hacerte un tiempo para conversar con tu familia cada día, en torno a la mesa de la cena, es importante para darte un respiro y un momento de gozo en el amor de todos; ahora añado que también es importante por otro motivo, que es el de la instrucción que va de los padres a los hijos y que no se encuadra en un plan escolar.

La cena familiar es el ámbito en el cual padres e hijos se sientan a compartir ideas e inquietudes en un ambiente de confianza. Los padres pueden preguntarles a los hijos cómo están, cómo se sienten, incluso pedirles un informe del día, siempre dispuestos a aconsejarlos y animarlos. Los hijos pueden aprovechar este momento para hacer preguntas que de otra manera quedarían sin formular.

No es que haya una magia especial de las cenas familiares que otros encuentros no comparten. En general puedo decir que algo ocurre cuando las personas participan juntas de un alimento. Se produce un ambiente ameno, pacífico, propicio a la apertura sincera y generosa. Los mejores momentos que tenemos con nuestros amigos son aquellos en que vamos a comer juntos a un restaurante; los reencuentros suelen darse café por medio, y en general, los momentos más gratos que tenemos fuera de la intimidad son aquellos en los que intencionalmente buscamos compartir una comida.

Y también es el disfrute de los alimentos el mejor momento para encontrarnos y conocernos como familia. Es algo que estamos perdiendo. Es cada vez más raro ver a una familia entera sentada a la mesa compartiendo el alimento, con los hijos recibiendo instrucción de sus padres y reportando sus triunfos, fracasos y dudas. Y los hijos están en una etapa en que necesitan recibir esta instrucción para aprender a comportarse con seguridad y respeto.

No creas que estoy haciendo una crítica desde un lugar de superioridad intocable. Yo mismo vengo de una familia en la que no se practicaba mucho esto, y durante un par de años mi esposa y yo tampoco fuimos muy dedicados a crear este espacio cotidiano. Pero pronto comprendimos lo importante que es y decidimos que lo llevaríamos a la práctica en forma disciplinada.

LAZO DE AMOR

Hay un precepto bíblico para el matrimonio que suele citarse en las bodas sacándolo de contexto y que, de esa manera, parece ser bastante sexista: en la Epístola a los Efesios, capítulo 5, versículo 22, nuestro ya conocido Pablo de Tarso insta a los cristianos de esta manera: "Las esposas estén sujetas a sus maridos como al Señor". A mí, sin embargo, me gusta comenzar la cita por el versículo anterior, que dice, sin distinciones: "Someteos unos a otros en el temor de Dios". (Algunas versiones más modernas de la Biblia utilizan variantes de la palabra "sujeción" en lugar de "sometimiento", lo que me parece más apropiado.) Más adelante, en Efesios 5:25, Pablo insta a los maridos a amar a sus mujeres "como Cristo amó a la Iglesia", y luego, "como a sus mismos cuerpos".

En definitiva, Pablo estaba escribiendo en un mundo, en una cultura, que le daban a la mujer un papel inferior, la oprimían, y en ese contexto, sus palabras son revolucionarias porque proponen el concepto de sujeción mutua, de igualdad de los esposos en el amor consagrado por Dios. Dicho sea de paso, apenas unos versículos más adelante el Apóstol Pablo propone otra idea igualmente disruptiva: que los amos traten a sus siervos con la misma reverencia que los siervos tratan a sus amos, porque para Dios no existen tales diferencias.

A veces este principio de sujeción mutua se llama *devoción*: la devoción del hombre por la mujer y de la mujer por el hombre, comparada con la devoción de todo cristiano hacia Dios. Yo me sujeto a mi esposa y ella se sujeta a mí; nuestra devoción es mutua, igual.

Y así como nos sujetamos el uno al otro mediante el amor, también lo hacemos mediante la responsabilidad. En todos los ámbitos de la vida se cometen errores; en la pareja, en la familia, también, por supuesto. Debes asumir y aceptar la responsabilidad por tus errores en lugar de buscar excusas o ignorar los problemas; si es tu pareja la que está reconociendo un error, debes escuchar y ser comprensivo, darle un espacio a ese momento que no es fácil para ella.

También los hijos deben comprender, como parte de su aprendizaje, lo que es la sujeción. Ellos deben verse reflejados en el amor que se tienen sus padres, y comprender que cuando reciben una reprimenda o correctivo, es este amor lo que hay detrás. Como padres no debemos provocar la ira en nuestros hijos o hacer que se sientan oprimidos; debemos encauzarlos con mano firme por su propio bien, y asegurarnos de que comprendan lo que es la autoridad, que más adelante se materializará en otras instituciones fuera de la familia El balance emocional que tanto ellos, los hijos, como nosotros, los padres, necesitamos para prosperar se encuentra en la armonía familiar de la cual te hablo.

Recuerda lo que dice Maxwell: todos somos líderes en nuestras propias esferas de influencia. En tu hogar también la influencia positiva que tienes sobre otros te define como líder. Aquí más que en ninguna otra parte es importante que tu legado sea positivo, que te conviertas en una figura digna de tomar como ejemplo.

...zas y las que requieren mejoras. La he dividido en ocho sectores, cada uno correspondiente a una prioridad en tu vida, y mira qué justo, porque eso nos permite trazar la rueda en forma de timón, y justamente la utilidad de la rueda de la vida es ayudarte a aferrar el timón de tu vida para seguir avanzando hacia donde quieres llegar:

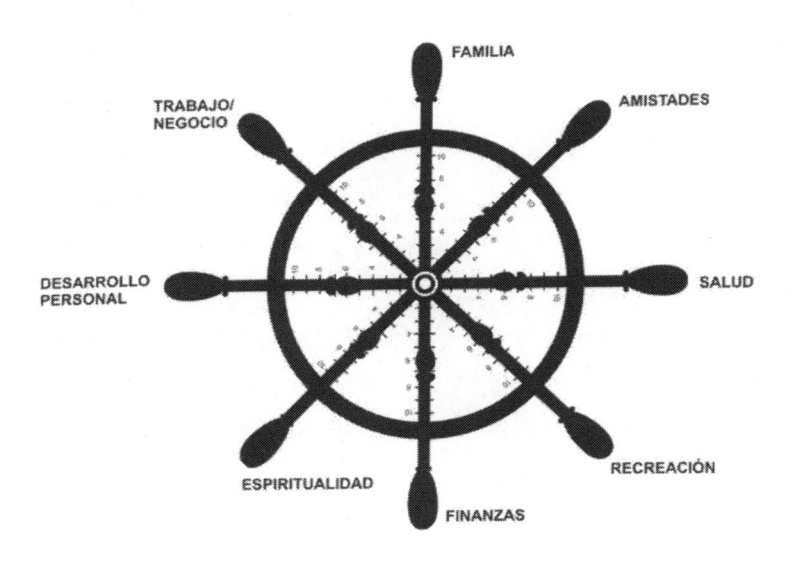

Como ves, las ocho áreas que considero fundamentales en la vida (tanto la mía como la tuya) son la *familia*, las *amistades*, la *salud*, la *recreación*, las *finanzas*, la *espiritualidad*, el *desarrollo personal* y la *vida profesional* (trabajo o negocios). Son los ámbitos que determinan si te sientes realizado y puedes considerarte exitoso. Utilizar la rueda te ayudará a evaluar en todo momento en cuáles de estas áreas necesitas enfocarte para mejorar.

¿Cómo se utiliza la rueda de la vida? El procedimiento es simple. Cada una de las varas de la rueda es una escala que va del 0 al 10. Indica con líneas esa escala si te resulta más fácil, escribe los números, haz lo que necesites para visualizar bien el concepto. Luego reflexiona sobre tu vida en este momento, tomando un área por vez. ¿Cómo está tu salud? Si estás *perfecto* en esa área, haz una marca en el 10; si tu salud es desastrosa, ponla en el 1 o el 2; si tu salud es normal pero podrías mejorarla, por ejemplo, haciendo ejercicio, tu marca irá más bien en el 6 o en el 7. Lo mismo para las demás áreas. ¿Tienes pocos amigos, o los que tienes no están ejerciendo una buena influencia en ti? Pon una marca baja en "Amistades". ¿Tus peleas de pareja son frecuentes, o quizás casi no ves a tu esposa por estar todo el tiempo trabajando? Date una baja puntuación en "Familia". ¿Acaban de ascenderte en la oficina y te felicitaron por tu dedicación y tus ideas? Entonces tu *score* en "Trabajo/Negocios" debe ser alto.

Lo importante es que seas *absolutamente* honesto contigo mismo en este ejercicio. No te pongas puntajes más altos que lo que la realidad te indica. Nadie más va a ver este gráfico; es sólo para ti, y no tienes por qué mentirte. La idea es que reflexiones sobre cada una de las áreas y puedas hacer una evaluación sincera de la posición en que estás en cada una.

Por supuesto, esa es sólo la primera mitad del asunto. La segunda mitad es *hacer algo* para mejorar tu puntaje en las áreas deficientes. Esto es, trazar un *plan* concreto para llevar a 10 las zonas en que tu puntaje sea más bajo. Luego de la *evaluación* viene la *acción*.

Ahora que has puesto las ocho marcas, traza líneas entre ellas para obtener un dibujo que será la representación gráfica de tu vida en este punto. El objetivo es que ese dibujo se parezca lo más posible a un círculo, que es lo que ocurrirá cuando puedas asignarte un 10 en todas las áreas. Pero, si has sido honesto contigo mismo, al principio no será así, y tendrás una figura más parecida a una flor o una estrella, marcada por altibajos en los distintos segmentos. Eso marca una falta de balance en tu vida. Anímate a atacar las áreas con más deficiencias a través de cambios concretos en tu vida.

EXCELENTE   BUENO   PROMEDIO
La Mayoría

En la imagen anterior puedes ver tres gráficos posibles para la rueda de la vida. Notarás que el gráfico central no es considerado "malo" sino "promedio", debido a que allí es dónde están la mayoría de las personas. La idea del ejercicio es dejar de estar allí. Tú no quieres ser como la mayoría de las personas en este aspecto: como te decía al principio del libro, la mayoría de las personas se sienten desorientadas, frustradas e insatisfechas, justamente por carecer de auto-conciencia y no saber cómo mejorar sus vidas. La idea es que logres hacer que tu gráfico coincida con el que consideramos "excelente", es decir, que tu rueda de la vida refleje altos puntajes a todo nivel.

A continuación, algunas observaciones sobre cada área para ayudarte a evaluar correctamente tu posición en la escala:

FAMILIA

Es una zona de paz, no de guerra. Crea un ámbito de diálogo seguro, donde reinen la honestidad y la transparencia. Prescinde de las acusaciones; ante los conflictos, procura el acercamiento y la comunicación. Aparta un tiempo para esta plática una vez por semana, lejos de cualquier distracción. Comparte con tu familia ideas, frustraciones y expectativas. Como dijo sabiamente Zig Ziglar, "muchos matrimonios serían mejores si el esposo y la esposa comprendieran claramente que están del mismo lado."

1. **Determina** y afirma cuánto amas a tu familia. El amor es lo que *une* a la familia y la mantiene saludable, que es lo que todos queremos.

2. La familia es el lugar al que todos sienten que pertenecen. Por eso el viejo adagio: "No hay nada como mi casa".

3. Si tu familia está atravesando una crisis, en vez de acusar, **decide**. Pregúntate: "¿Qué puedo hacer para ayudar?" Sé un ejemplo: practica la bondad y el perdón.

4. **Aprende** responsabilidad, supera los errores, procura escuchar más y hablar menos.

AMISTADES

Son como los elevadores: te pueden subir o bajar. Utiliza tus valores como filtro para evaluar quiénes pueden realmente formar parte de tu círculo íntimo de amistad. Valora el comportamiento positivo y aléjate de las personas negativas, conflictivas y dramáticas. Escoge amigos que te inspiren a mejorar, que sean un ejemplo a seguir. Y, por supuesto, evalúa también tu propio comportamiento. ¿Correspondes dignamente a la amistad que ellos te ofrecen? ¿Eres buen amigo?

Las relaciones que tienes ejercen una gran influencia sobre ti. Escoge amistades que te inspiren a mejorar y sean un ejemplo a seguir.

1. Haz un listado de tus amistades cercanas.

2. Responde a esta pregunta: ¿Qué influencia tienen en mí? ¿Son personas optimistas, financieramente estables? ¿Son éticas?

3. Establece fronteras respecto de aquellos que resulten ser malas influencias.

4. Pide ayuda a aquellos que son un ejemplo y están dispuestos a asistirte en la tarea de mejorar y desarrollarte.

SALUD

¿Cuándo fue la última vez que te hiciste un examen médico? ¿Estás siguiendo las indicaciones del doctor o la doctora? Ten presente que la salud no consiste sólo en chequeos y medicinas. Hacer ejercicio tiene múltiples beneficios, no sólo en tu cuerpo sino también en tu resistencia, ánimo y enfoque. Tu cuerpo fue diseñado para estar en movimiento.

1. Haz un calendario semanal de ejercicios. Si lo haces con tu cónyuge, mucho mejor, ya que se ha probado que esto fomenta el acercamiento relacional.

- Conviértete en miembro de un gimnasio.

- Haz los ejercicios en tu casa, siguiendo un programa de videos, por ejemplo, en YouTube.

2. Procura hacer 30 minutos de ejercicio al menos cinco veces por semana. Recuerda que la prevención es el mejor plan de salud.
3. Sigue un programa de pérdida y control de peso.
4. Usa suplementos dietarios para el rendimiento y el desarrollo físico.
5. Recuerda consultar a tu médico antes de decidir qué rutina llevar a cabo.

RECREACIÓN

Habrás notado que considero muy importante este factor, ya que le dediqué un apartado propio en páginas anteriores (recuerda lo que Masud Kahn define como el estado de "barbecho"). La vida está llena de desafíos y es esencial tomarte un tiempo de esparcimiento para relajar tu mente y mejorar tu estado de ánimo.

La recreación tiene múltiples beneficios: fortalece el sistema inmunológico, libera endorfinas que ayudan a suprimir el dolor, produce una sensación de relajamiento mental, reduce la tensión y la ansiedad. Mucha gente olvida darle importancia a esto, por eso es bueno dedicarle un apartado en la rueda de la vida para tenerlo siempre presente.

Algunos consejos que puedo darte:

1. Agenda un tiempo para irte de camping. Así puedes contemplar la naturaleza desde otro punto de vista; actividades como preparar la comida en un fuego improvisado son relajantes y creativas.

2. Determina qué actividades disfrutas al hacerlas con otros y que fomenten el compañerismo. Dedica más tiempo a estas actividades.

3. También puedes buscar actividades que te hagan reír. Procura, en general, reír más.

FINANZAS

Uno de mis temas favoritos es el manejo de la economía personal. He actuado como facilitador en el programa Paz Financiera, liderado por Andrés Gutiérrez, y continúo mi capacitación en el área.

Te daré ocho consejos para tener una economía saludable:

1. **Evalúa** tu flujo de efectivo. ¿Cuánto entra? ¿Cuánto sale? ¿De dónde viene el dinero y adónde va?

2. **Practica la generosidad.** Dona el 10% de tus ingresos a entidades que trabajen para mejorar la comunidad (ya sea una iglesia u otras entidades sin fines de lucro).

3. **Ahorra** entre el 15 y el 18% de lo que ganas, incluyendo inversiones.

4. **Gasta** el resto de tu dinero siguiendo un presupuesto. Ejemplo: 30% en vivienda, 20% en alimentos, 20% en transporte.

5. **Evita** las deudas.

6. **Establece** con cuánto dinero cuentas para alcanzar tus metas económicas.

7. **Haz un plan** en este orden: Ahorro, Inversiones, Protección de activos (seguro de vida). La mayoría de las personas no ubica al seguro de vida entre sus prioridades. Pero las personas exitosas habitualmente lo consideran el primer paso en su plan financiero. La razón es que en caso de muerte, enfermedad o accidente, tus seres queridos estarán protegidos.

8. **No administres cantidades, sino porcentajes.** Casi todos se enfocan en la cantidad de dinero que ganan y cuando tienen problemas, piensan: "Necesito más dinero". Aunque esto puede ser cierto, la verdad es que si no asignas un límite de gasto a cada entrada económica (en forma de porcentaje),

los problemas continuarán aunque ganes más. Incluso hay una tendencia a gastar más cuando ganas más, lo que empeora la situación.

Te garantizo que siguiendo este método nunca tendrás problemas en tus finanzas. Si los tienes, te invito a seguir los consejos de mi amigo Andrés Gutiérrez, de Paz Financiera. Y, desde luego, puedes consultarme para diseñar un plan exitoso. Visita mi blog, *hiramsostre.com*, donde hallarás las formas de contactarme.

ESPIRITUALIDAD

Si quieres llevar una vida de esperanza, fuerza y paz, es esencial que prestes atención a la parte espiritual. Ya sea que tus convicciones sean religiosas o seculares, hallarte a ti mismo en el prójimo, extender la mano para ayudar a otros, te ayudará también a ti a descubrir y desarrollar este aspecto de tu personalidad.

Tanya Luhrmann, profesora de antropología en Stanford y autora del libro *Cuando Dios responde: Entendiendo la relación evangélica estadounidense con Dios*, contó en un *artículo escrito para el New York Times que un estudio realizado en Carolina del Norte determinó que quienes asisten con frecuencia a la iglesia cuentan con redes sociales de apoyo más grandes, con más contacto, más afecto y más tipos de apoyo social que sus contrapartes sin iglesia. Y sabemos que el apoyo social está directamente vinculado a una mejor salud. A esto añade que la iglesia te ayuda a librarte de hábitos destructivos y condiciones emocionales perjudiciales.*

Yo practico la espiritualidad desde mi niñez. Aprendí este valor y me ha favorecido, convirtiéndome en lo que soy actualmente. En mi caso, se manifiesta en una profunda fe, que me mantiene unido a Dios. Voy a la iglesia una vez por semana, hago oraciones y medito sobre la Biblia. Mi familia y yo hemos comprobado en carne propia los beneficios señalados por Luhrmann y hallamos la práctica religiosa edificante para nuestra alma, espíritu y armonía familiar. Tú también puedes y debes desarrollar la espiritualidad a tu manera para mantener un buen balance.

1. Procura **involucrarte** en un área en la que puedas servir y aportar tus ideas. Probablemente no recibas un pago económico por esto, pero la idea aquí no es ganar dinero, sino algo más importante: la posibilidad de mejorar el mundo que te rodea.

2. **Únete** a una entidad de servicio comunitario. Busca formas de ayudar a los necesitados. Rompe con el patrón de pensar sólo en ti y no en los demás.

3. **Localiza** un lugar de fe (iglesia) en el que haya conexión, te sientas en familia y seas inspirado a lo mejor que la vida ofrece. Ten presente que allí donde hay gente se dan situaciones tensas y frustrantes y esto es porque cada uno tiene sus luchas internas que a veces se manifiestan en conductas disruptivas y poco agradables. A pesar de ello, hay un valor extraordinario en la convivencia, la búsqueda de propósito y crecimiento en la fe por medio de una relación personal y dinámica con Dios.

4. **Observa** si la educación bíblica es inspiradora, si te reta a convertirte en la mejor versión de ti mismo, que es, en definitiva, el objetivo de la aventura que te propongo en este libro.

DESARROLLO PERSONAL

Según estudios, el 85% de las personas no están satisfechas con lo que han logrado en la vida. Quiere decir que la gran mayoría de las personas sienten que no han alcanzado su potencial, que han perdido el tiempo y no han podido realizarse.

Esto se ve claramente en la insatisfacción que genera el trabajo. En 2013, la revista Forbes publicó una encuesta que revelaba que "para casi el 90% de los trabajadores del mundo, el trabajo es más frecuentemente una fuente de frustración que de satisfacción". Y la consultora Gallup determinó que el número de empleados "desconectados emocionalmente de sus lugares de trabajo" se mantiene en niveles muy altos: 85% este año (2018), sólo dos puntos por debajo del valor registrado dos años antes (87%).

Si luego de ocho horas de trabajo te sientes desgastado y miserable y dices "TGIF" (*Thank God It's Friday*, o "Gracias a Dios es Viernes")... es tiempo de cambiar el rumbo. La vida no está para ser miserable, está para avanzar todo lo posible hacia los objetivos que te harán sentir realizado y feliz.

Para lograr un desarrollo personal satisfactorio, deberás contestarte las siguientes preguntas:

¿Qué resultados me ha brindado lo que he hecho hasta el día de hoy? Como decíamos hacia el principio de este libro, parafraseando un famoso dicho, hacer siempre lo mismo no es la forma de obtener resultados diferentes.
¿Habrá algo en mi futuro que pueda dar realce a mi necesidad de significación o auto- realización? Halla eso que está en tu futuro y persíguelo.

Una vez que tengas claras las respuestas a estas preguntas, será el momento de encarar el nuevo objetivo. La forma mas básica para lograrlo es elaborar un *plan de desarrollo personal*. Yo puedo ayudarte a elaborar un plan detallado si lo necesitas, pero aquí te detallo los pasos básicos que te pueden ayudar a cambiar el rumbo de tu vida:

1. **Define** lo que quieres hacer. Por ejemplo, aprender fotografía.
2. **Escribe** tus metas.
3. **Establece** una prioridad para tus metas. ¿Cuál es la que tienes más al alcance? ¿Cuál es la más urgente? ¿Cuál es la de más largo aliento? ¿Cuál te brindará la mayor satisfacción?

4. **Entiende** qué oportunidades tendrás. Sé realista pero positivo.

5. **Conoce** los retos a enfrentar. Ya vimos que siempre se te presentarán dificultades; te conviene anticiparlas y comprenderlas.

6. **Toma acción**.

7. **Has una revaluación** periódica de los resultados obtenidos, tanto positivos como negativos.

8. **Busca** apoyo. Recuerda que no estás solo.

Cambiar no es fácil, lo sé, pero es necesario si quieres lograr significación. Ten presente que el temor, el fracaso y la crítica de otros son parte del proceso, así que no pierdas tu enfoque. Recuerda que hoy puedes recibir golpes pero mañana será un nuevo día. Y después de todo, el desarrollo personal no es un evento, sino un proceso que dura toda la vida.

TRABAJO / NEGOCIOS

Tal vez hayas oído hablar de personas que pasan hambre o encaran serias dificultades económicas en pos de levantar un negocio. Gastan sus pocos o muchos ahorros y, una vez agotados éstos, se endeudan con el fin de hacer realidad su sueño empresarial. Y aunque algunas de estas historias acaban bien, convirtiéndose en modelos de éxito e inspiración, no es ésta la mejor manera de perseguir la añorada meta de tu negocio propio.

En páginas anteriores te insté a buscar tu propio camino aun si ello significaba abandonar tu empleo, pero también te advertí que fueras realista e hicieras un balance adecuado de tus posibilidades y limitaciones. Quiero repetir ese consejo ahora que te brindo los pasos para poder realizar esa idea empresarial que te tiene entusiasmado:

1. No renuncies a tu empleo actual. El desarrollo de una empresa toma tiempo. No porque le dediques todo tu

tiempo vas a triunfar de manera inmediata. Es un mito creer que renunciar al trabajo te ayudará a desarrollar tu empresa más rápido. ¡No sufras de hambre! Son muchos los que quieren tener su propio negocio pero no quieren ser buenos empleados cuando trabajan para otros. La mejor forma de triunfar en tu emprendimiento es ser el mejor empleado, haciendo más de lo que se te pide. Con sólo cinco años de experiencia en tus labores, estarás preparado para hacerlo por tu cuenta, formando tu propia empresa.

2. Lo que haces, sea lo que sea, hazlo con excelencia. No lo hagas solo. Busca colaboradores y gente de la cual puedas aprender.

3. Montar tu propio negocio puede ser complicado; por eso es importante orientarte. Contáctate con SCORE (*score.org*), una organización nacional compuesta por personas exitosas en el mundo empresarial, que ya se han retirado y ofrecen consejos y asesorías completamente gratuitas para quienes quieren triunfar en el mismo camino.

4. Si haces dinero, no lo gastes todo: invierte en tu negocio al menos 25%.

EPÍLOGO

Hemos llegado al final, pero ¿quién dice cuándo es el final, después de todo? Estamos en el tercer milenio, las vías de comunicación están siempre abiertas. No dudes en escribirme para dejarme tus comentarios o inquietudes. Incluso estoy abierto a tus consultas, y aquí estaré si necesitas un asesoramiento más personalizado para ti o tu grupo de pertenencia. Esto puede ser sólo el principio.

Sin embargo, sí se acaba este libro, y quiero agradecerte por haber dejado que te acompañara a lo largo de estas páginas. Ahora tienes algunas cosas claras que quizás no veías con tanta claridad antes de abrir este volumen. Si sólo te llevas un mensaje básico de todo lo que he escrito, espero que sea éste: tú tienes el poder de liderar tu propia vida y de influir en otros, y para ello no necesitas renunciar a tus valores, sino al contrario: son tus valores los que te convertirán en alguien digno de seguir y de imitar.

Sabes bien *quién eres*, y a través de los consejos y técnicas que te he brindado puedes evaluar en todo momento *lo que tienes* en tu vida. Ahora te embarcas en la parte más importante. *Lo que haces* con tu vida es lo que te define y lo que determinará qué legado vas a dejar.

En el camino del liderazgo, tanto de ti mismo como de otros, enfrentarás muchos desafíos. Algunos serán más fáciles de resolver y otros más difíciles. A veces te sentirás perdido, pero si mantienes el norte, tomarás las decisiones correctas y saldrás fortalecido.

El camino sigue y sigue.

—John R R Tolkien

No pierdas de vista lo más importante: la familia y los valores. Ten siempre presente que la integridad será el centro de tu legado. No te dejes llevar por las olas y practica el *self-awareness*. Actualiza con frecuencia tu rueda de la vida, el timón que te permitirá orientarte en todo momento.

Me despido sonriendo, porque sé que tomarás las decisiones correctas. En fin, se trata de ti, y de que alcances el ansiado bienestar.

¡NOS VEMOS EN LA CIMA!

La complejidad de la vida pude ser una carga grande sobre tus hombros y te puedo entender, porque manejar nuestra humanidad es una tarea ardua, gravosa y para algunos hasta fastidiosa. Por eso te he dicho que en el camino que estás emprendiendo, tu actitud, valores y conciencia de ti mismo son el primer paso a una vida significativa y a la lucha por crear un legado que otros quieran contar.

Ante lo complejo, busca sabiduría. Es lo que Salomón le aconsejó a su hijo, cuando éste era admitido a la vida adulta: *Adquiere sabiduría, y sobre todas tus posesiones adquiere inteligencia.* Añadió: *Retén el consejo, no lo dejes; guárdalo, porque eso es tu vida.*

AGRADECIMIENTOS

Muchas personas me han animado a dar lo mejor de mí. Gracias a los que me han levantado las manos, me han hecho reír y me inspiran al servicio abnegado.

César Restrepo, siempre es bueno conocer gente que sabe más que uno y cómo se hacen las cosas para navegar en el mar rojo y disfrutar del mar azul. ¡Tú eres un *champion*!

Karen Calver, me sacaste de adentro el actor que no sabía que estaba en mí. Gracias por tu profesionalismo.

Sebastián Lalaurette, tu magia en la edición de este libro lo ha elevado a un nivel que ni soñé. Eres un amigo.

A mis padres, verdaderamente Dios les ha coronado con su favor, gracias por sus diarias oraciones a favor de mi bienestar.

Dr. Rev. Efraín Sostre Ruiz, *my brother*, gracias por tus consejos en la luchas que he encarado. ¡Te admiro!

Karinna Dessirée Sostre Vicario, gracias por tus consejos para mejorar mi escritura, tu ánimo para lanzarme como escritor y por tus ideas para el titulo del libro. De "Chispie" no tienes nada, eres una gigante.

La iglesia Cristo Vive, mi casa espiritual, mis hermanos en la fe, gracias por apoyarme.

Jon Mitchell, viajar contigo es una experiencia de crecimiento y desarrollo personal. Eres un Boricua auténtico.

Alexander Feliciano Bacenet, amigo, gracias por estar ahí en lo incierto de la vida. Tú y tu amada Lynn tienen sabiduría para dar mucho. ¡No se rindan!

Moisés Díaz y Juan D. Rodríguez, juntos somos "2GYUC", "El Trabuco". Con ustedes siempre lo paso súper bien, ya que puedo ser auténtico sin aparentar. Gracias por darme ese espacio tan necesario y bendecirme con su amistad y compañerismo. ¡Con ustedes voy hasta la luna!

Por último, en una categoría única: A mi Dios, Señor y Salvador, Jesucristo. El ejemplo más grande de lo que es la verdadera vida auténtica y el legado más popular en la historia humana. Sin ti no soy nada, y contigo tengo más de lo que merezco.

Made in the USA
Columbia, SC
14 June 2019